ALPHABET
CHRÉTIEN
OU
INSTRUCTION
POUR LA JEUNESSE.

A LYON,

Chez LES FRERES PERISSE,
Libraires, rue Merciere, n.° 16.

Les Capitales.
ABCDEFGHIJKLM
NOPQRSTUVXYZ.
Capitales Italiques.
ABCDEFGHIJKLM
NOPQRSTUVXYZ.
Italiques communes.
a b c d e f g h i k l m n o p q r ſ
s t u v x y z &.
Les Conſonnes.
b c d f g h j k l m n p q r ſ s t v x y z
Les Voyelles. ✿ *Lettres Titres*
a e i o u ✿ ā ē ī ō ū
Les Diphthongues.
æ ai au eu oi ou
Les Ligatures.
ﬀ ﬁ ﬃ ﬄ ﬅ ſi ſl ſt

A a b
c d e f g h
i j k l m n
o p q r ſ
t u v x y z
&.

A 3

Consonnes devant les Voyelles.

Ba	be	bi	bo	bu
Ca	ce	ci	co	cu
Da	de	di	do	du
Fa	fe	fi	fo	fu
Ga	ge	gi	go	gu
Ha	he	hi	ho	hu
Ja	je	ji	jo	ju
La	le	li	lo	lu
Ma	me	mi	mo	mu
Na	ne	ni	no	nu
Qua	que	qui	quo	quu
Pa	pe	pi	po	pu
Ra	re	ri	ro	ru
Sa	se	si	so	su
Ta	te	ti	to	tu
Va	ve	vi	vo	vu
Xa	xe	xi	xo	xu

L'Oraison Dominicale.

NOtre Père qui êtes aux Cieux, que votre Nom soit sanctifié : que votre Règne arrive : que votre volonté soit faite en la Terre comme au Ciel : donnez-nous aujourd'hui notre pain quotidien : pardonnez-nous nos offenses, comme nous les pardonnons à ceux qui nous ont offensés : & ne nous laissez point succomber à la tentation : mais délivrez-nous du mal. Ainsi soit-il.

La Salutation Angélique.

JE vous salue, Marie, pleine de grace, le Seigneur est avec vous, vous êtes bénie entre toutes les femmes, & béni est le fruit de votre ventre JESUS. Sainte Marie Mère de Dieu, priez pour nous pauvres pécheurs, maintenant & à l'heure de notre mort. Ainsi soit-il.

Le Symbole des Apôtres.

JE crois en Dieu le Père Tout-puissant, Créateur du Ciel & de la Terre, & en Jesus-Christ son Fils unique notre Seigneur : qui a été conçu du Saint-Esprit, & né de la Vierge Marie : qui a souffert sous Ponce Pilate : qui a été crucifié, qui est mort & a été enseveli, qui est descendu aux Enfers, le troisième jour est ressuscité des morts ; qui est monté au Ciel, est assis à la droite de Dieu le Père Tout-puissant, d'où il viendra juger les vivans & les morts. Je crois au Saint-Esprit, la Sainte Eglise Catholique, la Communion des Saints, la rémission des péchés, la résurrection de la chair, la vie éternelle. Ainsi soit-il.

La Confession des Péchés.

JE me confesse à Dieu Tout-puissant, à la Bienheureuse Marie, toujours Vierge, à saint Michel Archange, à saint Jean-Baptiste, aux Apôtres saint Pierre & saint Paul, à tous les Saints, & à vous mon père, de tous les péchés que j'ai commis en pensées, paroles & actions, par ma faute, par ma propre faute, par ma très-grande faute. C'est pourquoi je prie la Bienheureuse Vierge Marie, saint Michel Archange, saint Jean-Baptiste, les saints Apôtres Pierre

& Paul, tous les Saints, & vous mon père de prier pour moi le Seigneur notre Dieu.

QUe Dieu Tout-puissant nous fasse miséricorde, qu'il nous pardonne nos péchés, & nous conduise à la vie éternelle.

Que le Seigneur Tout-puissant & miséricordieux nous donne indulgence, absolution & rémission de tous nos péchés.

Recommandation de son Ame.

SEigneur je recommande mon esprit entre vos mains, vous êtes la vérité,

Bénédiction de la Table.

BEnisse, [ce sera le Seigneur] que la droite de Jesus-Christ nous bénisse.

Ainsi soit-il.

Bénissez avec toutes choses ce que nous devons prendre pour notre réfection.

Après le repas.

O Dieu Tout-puissant, nous vous rendons graces pour tous vos bienfaits, qui vivez & règnez par les siècles des siècles.

Ainsi soit-il.

Oraison au bon Ange.

ANge de Dieu qui êtes commis pour me garder de l'ennemi, faites-moi si bonne compagnie, qu'en bon état je finisse ma vie.

Ainsi soit-il.

Les huit Béatitudes.

Heureux sont les pauvres d'esprit, car le Royaume des Cieux est à eux.

Heureux sont les débonnaires, car ils possederont la terre.

Heureux sont ceux qui pleurent, car ils seront consolés.

Heureux sont ceux qui ont faim & soif de la justice, car ils seront rassasiés.

Heureux sont les miséricordieux, car ils obtiendront miséricorde.

Heureux sont les nets de cœur, car ils verront Dieu.

Heureux sont ceux qui souffrent persécution, car le Royaume des cieux est à eux.

LES LITANIES
de la sainte Vierge Marie.

SEigneur, ayez pitié de nous.
Christ, ayez pitié de nous.
Seigneur, ayez pitié de nous.
Christ, écoutez-nous.
Christ, exaucez-nous.
Dieu le Père des Cieux où vous êtes assis, ayez pitié.

Dieu le Fils, Rédempteur du monde, ayez pitié de nous.
Dieu le Saint-Esprit, ayez pitié de nous
Trinité sainte qui êtes un seul Dieu, ayez pitié de nous.
Sainte Marie, Mère de Dieu,
Sainte Vierge des Vierges,
Mère du Christ,
Mère de la divine grace,
Mère très-pure,
Mère très-chaste,
Mère sans tache,
Mère sans corruption,
Mère aimable,
Mère admirable,
Mère du Sauveur,
Vierge très-prudente,

Priez pour nous.

Vierge digne de révérence,
Vierge puissante,
Vierge clémente,
Vierge fidelle,
Miroir de justice,
Siege de sapience,
Cause de notre joie,
Vaisseau spirituel,
Vaisseau honorable,
Vaisseau de dévotion,
Rose mystique,
Tour de David,
Tour d'ivoire,
Maison d'or,
Arche d'alliance,
Porte du Ciel,
Etoile du matin,
Santé des infirmes,

Priez pour nous.

Refuge des pécheurs,
Confolatrice des affligés,
Secours des Chrétiens,
Reine des Anges,
Reine des Patriarches,
Reine des Prophètes,
Reine des Apôtres,
Reine des Martyrs,
Reine des Confesseurs,
Reine des Vierges,
Reine de tous les Saints,

Priez pour nous.

Agneau de Dieu, qui ôtez les péchés du monde, pardonnez-nous Seigneur.
Agneau de Dieu, qui ôtez les péchés du monde, exaucez-nous, Seigneur.
Agneau de Dieu, qui ôtez

les péchés du monde, ayez pitié de nous

Chrift, écoutez-nous.
Chrift, exaucez-nous.

℣. Sainte Mère de Dieu, priez pour nous.

℟. Afin que nous foyons faits dignes des promeſſes de Jeſus-Chrift.

PSEAUME 129.
De profundis.

DU profond des abymes de mes ennuis, j'ai crié à vous, exaucez la clameur de ma voix.

Rendez vos oreilles attentives aux triftes accens de mes plaintes.

Si vous examinez de près nos offenses, Seigneur; qui pourra soutenir les efforts de votre colère.

Mais la clémence & le pardon se trouvent auprès de vous : ce qui fait que vous êtes craint & révéré, & que j'attends l'effet de vos promesses.

Mon ame s'étant assurée sur votre parole, a mis toutes ses espérances en Dieu.

Ainsi depuis la garde assise dès l'aurore du jour jusqu'à la sentinelle de la nuit, Israël ne cesse d'espérer au Seigneur.

Car en Dieu est la plénitude de miséricorde, & abondance de grace & rémission.

Etant celui-là même qui rachetera son peuple de toute iniquité. Ainsi soit-il.

Oraison à saint Joseph.

JUste par excellence, Père & Epoux sans pareil, très-aimable Joseph, prosterné de cœur & d'affection à vos pieds, je vous conjure avec tout le respect & l'amour qu'il m'est possible, d'abaisser le Ciel de votre grandeur jusques à l'abyme de mon néant, de recevoir mon cœur que je consacre

par hommage à vos excel‑
lences, par soumission à vos
mérites, par reconnoissance
à vos bienfaits; & par le de‑
voir de ma profession, &
l'honneur que vous avez eu
de tenir le premier compa‑
gnie à Jesus, quand vous le
posséderez dans la gloire pen‑
dant l'éternité. Ainsi soit-il.

Invocation du saint Nom de
JESUS.

JEsus soit mon espoir, Jesus
soit ma liesse,
Jesus soit mon savoir, Jesus
soit ma richesse,

Jésus soit ma défense, & Jésus soit mon Roi.
Jésus soit mon bonheur, & Jésus soit ma Loi.
Jésus soit mon désir, Jésus soit mon envie.
Jésus soit en mon goût, & dedans mon ouïe.
Jésus vive toujours dans mon entendement.
Jésus soit mon plaisir & mon contentement.
Jésus soit en mes yeux, Jésus soit en ma bouche.
Jésus soit en mes mains & en ce que je touche.
Jésus soit mon sentien Jésus soit en mes pas.

Jésus me soit Jésus le jour de mon trépas.

A votre reveil.

SEigneur, ouvrez mes lèvres, & ma bouche annoncera vos louanges; que mes yeux ne s'ouvrent que pour admirer toutes vos grandeurs ; que mon corps & tous les membres qui le composent, s'unissent pour travailler à mon salut, afin d'obtenir de vous l'éternité bienheureuse. Ainsi soit-il.

En se couchant.

MOn Seigneur & mon Dieu je vous offre le repos que je vais prendre, remettant mon sommeil & mon esprit entre vos mains, desirant que tous les mouvemens de mon corps, & les battemens de mon cœur, soient autant d'actes d'humiliation, de respect & d'amour envers votre divine Majesté. Ainsi soit-il.

LES COMMANDEMENS
de Dieu.

Un seul Dieu tu adoreras
Et aimeras parfaitement.
Dieu en vain tu ne jureras,
Ni autre chose pareillement,
Les Dimanches tu garderas.
En servant Dieu dévotement.
Père & Mère honoreras,
Afin que tu vives longuement.
Homicide point ne seras,
De fait ni volontairement.
Luxurieux point ne seras,
De corps ni de consentement.
Le bien d'autrui ne déroberas,

Ni retiendras à ton escient.
Faux témoignage ne diras,
Ni mentiras aucunement.
La femme ne désireras,
De ton prochain aucunement.
Bien d'autrui ne convoiteras,
Pour les avoir injustement.

LES COMMANDEMENS
de l'Eglise.

Les Dimanches Messe ouïras,
Et Fêtes de commandement.
Tous tes péchés confesseras,
A tout le moins une fois l'an.
Et ton Créateur recevras,
Au moins à Pâque humble-
ment.
Les Fêtes tu sanctifieras,
Commandées expressément.
Quatre-temps, Vigiles jeûne-
ras,
Et le Carême entièrement.
Vendredi chair ne mangeras,
Ni le Samedi mêmement.

Les Commandemens de la charité.

Aimer le Seigneur son Dieu, de tout son cœur, de toutes ses forces, de toute son ame, de tout son entendement, & son prochain comme soi-même.

Les sept Sacremens de l'Eglise.

Baptême, Confirmation, Pénitence, Eucharistie, Extrême-onction, Ordre & Mariage.

Les sept dons du S. Esprit.

Sagesse, Entendement, Conseil, Force, Science, Piété, Crainte de Dieu.

Voyelle mises devant les Consonnes.

AB	eb	ib	ob	ub
Ac	ec	ic	oc	uc
Ad	ed	id	od	ud
Af	ef	if	of	uf
Ag	eg	ig	og	ug
Ah	eh	ih	oh	uh
Al	el	il	ol	ul
Am	em	im	om	um
An	en	in	on	un
Ap	ep	ip	op	up
Ar	er	ir	or	ur
Abs	ebs	ibs	obs	ubs
Als	els	ils	ols	uls
Anc	enc	inc	onc	unc
Ams	ems	ims	oms	ums
Ans	ens	ins	ons	uns
Arbs	erbs	irbs	orbs	urbs

Voyelles entre deux Consonnes.

BAb	beb	bib	bob	bub
Cac	cec	cic	coc	cuc
Dad	ded	did	dod	dud
Gag	geg	gig	gog	gug
Hab	heb	hib	hob	hub
Lal	lel	lil	lol	lul
Mam	mem	mim	mom	mum
Nan	nen	nin	non	nun
Pap	pep	pip	pop	pup
Quad	qued	quid	quod	quun
Rar	rer	rir	ror	rur
Sas	ses	sis	sos	sus
Tat	tet	tit	tot	tut
Vas	ves	vis	vos	vus
Xat	xet	xit	xot	xut
Zas	zes	zis	zos	zus

www.ingramcontent.com/pod-product-compliance
Lightning Source LLC
Chambersburg PA
CBHW060911050426
42453CB00010B/1655